Los caminos a California

Ann Ingalls

Asesores

Kristina Jovin, M.A.T.
Distrito Escolar Unificado Alvord
Maestra del Año

Bijan Kazerooni, M.A.
Departamento de Historia
Universidad Chapman

Créditos de publicación

Rachelle Cracchiolo, M.S.Ed., *Editora comercial*
Conni Medina, M.A.Ed., *Redactora jefa*
Emily R. Smith, M.A.Ed., *Realizadora de la serie*
June Kikuchi, *Directora de contenido*
Caroline Gasca, M.S.Ed., *Editora superior*
Marc Pioch, M.A.Ed., y Susan Daddis, M.A. Ed., *Editores*
Sam Morales, M.A., *Editor asociado*
Courtney Roberson, *Diseñadora gráfica superior*
Jill Malcolm, *Diseñadora gráfica básica*

Créditos de imágenes: portada y pág.1 Oil On Canvas de Bob Coronato www.BobCoronato.com; págs.2–3 Library of Congress [LC-USZ62-11012]; pág.4 Time Life Pictures/NationalArchives/The LIFE Picture Collection/Getty Images; pág.5 Library of Congress [LC-DIG-ppmsc-04818]; pág.6 De documentos de la familia, publicados por primera vez en Maurice Sullivan, The travels of Jedediah Smith, Santa Ana, Calif., The Fine Arts Press, 1934; pág.7 Library of Congress [LC-USZC4-849]; págs.8, 32 North Wind Picture Archives; pág.9 National Archives and Records Administration [528114]; pág.10 Library of Congress [LC-DIG-pga-07709]; págs.10–11 Library of Congress [LC-DIG-pga-03551]; pág.11 (superior) Library of Congress [LC-DIG-highsm-23831]; pág.12 Glasshouse Images/Newscom; págs.12–13 Library of Congress [LC-USZ62-123305]; págs.14–15 Creative Commons Attribution-Share Alike 3.0 Unported de Famartin; págs.15 (superior), 23 Granger, NYC; pág.15 (inferior), 17 ABN IMAGES/Alamy Stock Photo; pág.16 Sutter's Fort State Historic Park Archives in Sacramento; págs.18–19 Grass Valley, Nevada County, California, colección de Robert B. Honeyman, Jr. collection of early Californian and Western American pictorial material [gráfico], BANC PIC 1963.002:0862–D. Cortesía de The Bancroft Library, University of California, Berkeley; pág.19 (superior) The Shirley Letters from California Mines in 1851-52: being a series of twenty-three letters from Dame Shirley; pág.20 Creative Commons Attribution-Share Alike 4.0 International de Wikicuda; pág.21 Humboldt Room collection #2003.01.0773, Humboldt State University; págs.22–23 Creative Commons Attribution-Share Alike 3.0 Unported de Fredlyfish4; pág.24 (inferior) Library of Congress [g4051s.ct000909]; pág.25 (superior) Creative Commons Attribution-Share Alike 3.0 Unported de Zandcee; pág.25 (página entera) Don Graham, Redlands, CA https://www.flickr.com/photos/23155134@N06/; págs.26–27 Library of Congress [LC-DIG-pga-02904]; pág.27 AP Photo/Rich Pedroncelli; pág.28 Time Life Pictures/National Archives/The LIFE Picture Collection/Getty Images; pág.29 (superior) Library of Congress [LC-DIG-det-4a20715], (inferior) Library of Congress [LC-DIG-ppmsc-02506]; pág.31, contraportada ABN IMAGES/Alamy Stock Photo; todas las demás imágenes cortesía de iStock y/o Shutterstock.

Library of Congress Cataloging-in-Publication Data
Names: Ingalls, Ann, author.
Title: Los caminos a California / Ann Ingalls.
Other titles: Trails to California. Spanish
Description: Huntington Beach : Teacher Created Materials, 2020. | Audience: Grade 4 to 6 | Summary: "Furs attracted trappers and traders. They found trails to California. They brought what they needed or could trade. Many of them made money by leading groups of people along these trails. Even though traveling to California was dangerous, people wanted to start new lives in the West"-- Provided by publisher.
Identifiers: LCCN 2019016047 (print) | LCCN 2019981356 (ebook) | ISBN 9780743912686 (paperback) | ISBN 9780743912693 (ebook)
Subjects: LCSH: West (U.S.)--History--To 1848--Juvenile literature. | West (U.S.)--History--1848-1860--Juvenile literature. | Overland journeys to the Pacific--Juvenile literature. | Frontier and pioneer life--West (U.S.)--Juvenile literature. | Pioneers--West (U.S.)--History--19th century--Juvenile literature. | California National Historic Trail--Juvenile literature.
Classification: LCC F592 .I5718 2020 (print) | LCC F592 (ebook) | DDC 978/.02--dc23
LC record available at https://lccn.loc.gov/2019016047
LC ebook record available at https://lccn.loc.gov/2019981356

Teacher Created Materials

5301 Oceanus Drive
Huntington Beach, CA 92649-1030
www.tcmpub.com

ISBN 978-0-7439-1268-6

Contenido

Los caminos hacia el Oeste

A mediados del siglo XIX, muchos empezaron a aventurarse al Oeste en busca de una vida nueva. Hombres, mujeres y niños viajaban a veces hasta 2,000 millas (3,219 kilómetros) con la esperanza de conseguir tierras y riquezas. Los **tramperos** y los comerciantes ya habían explorado parte de ese territorio. Pero ahora eran familias enteras las que llenaban las carretas e iniciaban el largo viaje.

Los viajes al Oeste eran duros. Los viajeros a menudo debían viajar por **collados**, montañas altas y desiertos secos. Muchos sufrían hambre, frío y **fatiga** en el camino. Al final de cada día, los guías elegían el lugar para acampar. Los viajeros dormían en tiendas, en carretas o en el suelo, a cielo abierto.

El viaje era difícil, pero si los viajeros llegaban al final del camino, tenían la oportunidad de mejorar su vida. A medida que más colonos llegaban al Oeste, se construían fuertes y surgían nuevas **industrias**. Algunas personas creaban asentamientos. A las mujeres se les abrían nuevas **perspectivas** que no tenían en su antiguo hogar. Todas estas personas abrieron camino en el Oeste para las generaciones futuras.

Esta carreta de 1865 está llena de ropa y otros artículos necesarios para realizar el viaje al Oeste.

Carretas de Murphy

Joseph Murphy creó las famosas carretas que se usaban para viajar al Oeste. Murphy inició su negocio en 1825. Sus carretas eran grandes y sólidas. Medían 9 pies (2.7 metros) de altura y 12 pies (3.7 metros) de largo. Los viajeros usaban bueyes para tirar de las carretas durante los largos viajes.

El Camino de California

El Camino de California medía aproximadamente 2,000 millas (3,219 kilómetros) de largo. La longitud exacta dependía del punto de partida y de llegada del viaje. Casi todos preferían emprender el viaje al Oeste en abril o mayo. Eso les permitía cruzar la cordillera de la Sierra Nevada antes de que la nieve hiciera imposible cruzar las montañas.

Geografía

En este dibujo, se muestra parte del Camino de California en 1859.

Tramperos y comerciantes

Antes de la fiebre del oro de 1849, hubo otra fiebre en California. Una gran cantidad de tramperos y comerciantes llegaron al territorio en una época conocida como la fiebre de las pieles. Querían hacerse ricos vendiendo valiosas pieles de animales. Cazaban mamíferos como nutrias, zorros y focas para obtener sus pieles.

Jedediah Smith

Entre los cazadores de pieles de los primeros años, había un trampero estadounidense que era uno de los mejores. Se llamaba Jedediah Strong Smith. Como muchos otros montañeses, Smith se fue al Oeste para ganar dinero. Mientras trabajaba como guía en el invierno de 1823, acampó con un grupo de indígenas de la tribu crow. Ellos le indicaron un paso por las Montañas Rocosas.

Tres años después, Smith dirigió a otro grupo hacia el Oeste. Cruzaron por el paso del Sur que los crows le habían enseñado. Los miembros de ese grupo se convirtieron en los primeros estadounidenses del Este que entraron en California por tierra. Smith había demostrado que el paso del Sur era la mejor manera de llegar a la Costa Oeste. A partir del viaje de Smith, el paso del Sur se convirtió en una de las rutas más usadas por quienes se dirigían al Oeste.

Una vida peligrosa

Smith sobrevivió a decenas de episodios peligrosos. Un oso pardo lo atacó en las Colinas Negras, pero él igual continuó su viaje al Oeste.

Smith se hizo comerciante a los 31 años. Enfrentó muchos peligros en su vida como explorador y trampero, pero la muerte le llegó cuando comerciaba. En 1831, Smith guiaba a un grupo por el Camino de Santa Fe en busca de agua. Unos guerreros comanches rodearon al grupo y mataron a Smith.

Smith guía a un grupo por el desierto de Mojave en 1826.

Columbia R.

Walla Walla

The Oregon Trail

Snake R.

Fort Boise

Fort Ho

Fort Bridger

The California Trail

Sacramento R.

Humboldt R.

Great
Salt Lake

Salt

Sacramento

Trail

San Francisco

The Span

Colorado R.

Los afortunados

El grupo de Bidwell empezó con 69 personas. Solamente 32 hombres, una mujer y un bebé sobrevivieron al viaje. Fue el primer grupo en cruzar por tierra la ruta que pasaría a conocerse como Camino de California. Sin embargo, no pudieron decir que fueron los primeros en llegar en una caravana de carretas. Habían perdido todas las carretas en el camino.

San Pedro

John Bidwell

John Bidwell lideró uno de los primeros grupos de **emigrantes** que partieron desde el río Misuri hacia California. Bidwell y su **expedición** salieron de Misuri en mayo de 1841. Empezaron en el Camino de Oregón. En cierto momento, se desviaron hacia la izquierda y se hallaron en el Camino de California. Nadie del grupo había recorrido ese trayecto antes.

El camino presentó muchas dificultades. Cuando las carretas se estancaban en el barro o quedaban atrapadas en los pastizales altos, los viajeros debían abandonar algunas de sus pertenencias. Cruzaron peligrosos ríos, cañones, acantilados y **quebradas**. Hubo días en que recorrieron apenas 12 millas (19 kilómetros).

Era difícil hallar agua dulce y provisiones constantes de alimento. Los viajeros empezaron a matar a los animales de carga para comerlos. Finalmente, llegaron al primer asentamiento después de cruzar la Sierra Nevada. Allí encontraron comida, ropa y refugio. Una vez que el grupo se asentó, Bidwell salió a buscar trabajo. Un hombre llamado John Sutter dijo que podía emplearlo en su fuerte como gerente. Luego, Bidwell encontró oro y se convirtió en un hombre rico.

Un educador

Bidwell nació en Nueva York en 1819. Su familia se mudó a Ohio 12 años más tarde. La educación era importante para Bidwell. Cuando tenía 17 años, recorrió a pie 300 millas (483 kilómetros) por la nieve para poder asistir a una escuela lejos de su casa. Al año siguiente, lo nombraron director de esa escuela.

John Bidwell

El fuerte de Sutter

En 1839, John Sutter huyó de sus **deudas** en Suiza y se fue a California. Una vez allí, se convirtió en ciudadano mexicano para obtener una **concesión de tierras**. Llamó a sus tierras *Nueva Helvetia*. Allí construyó su fuerte. Dos años después, les compró el fuerte Ross a unos colonos rusos. Sutter llevó ganado, herramientas y construcciones del fuerte Ross a su propio fuerte.

Los viajeros se sentían bien cuando pasaban por el fuerte de Sutter. Quería decir que estaban cerca del final del camino. Comerciantes, tramperos y colonos encontraban empleo allí. Uno de esos viajeros fue John Bidwell. Cuando llegó al fuerte, Sutter lo empleó como supervisor. Algunos indígenas también trabajaban allí. Sutter les pagaba muy poco por su duro trabajo, pero el hecho de que les pagara ya era una diferencia **radical** con respecto a las **costumbres** de la época.

El éxito de Sutter llegó a su fin en 1848. Uno de sus trabajadores encontró oro. Cuando Sutter se enteró, quiso que todos en el fuerte guardaran el secreto. Pero el rumor de que había oro en su tierra se expandió. Muchos se apuraron por llegar al fuerte, le robaron sus pertenencias y mataron su ganado. En 1852, Sutter estaba en la ruina.

John Sutter

En el fuerte de Sutter, se reconstruyó un aserradero para mostrar cómo funcionaba durante la fiebre del oro.

Trabajos en el fuerte

La agricultura se convirtió en una actividad importante en el fuerte de Sutter. Sus residentes plantaban chícharos, algodón, trigo y otros cultivos. También tenían miles de cabezas de ganado y ovejas. Dentro del fuerte, los trabajadores hacían mantas y horneaban pan, entre otras tareas.

fuerte de Sutter

James Beckwourth

La vida de los hombres de montaña era arriesgada. James Beckwourth, un afroamericano, fue uno de los mejores. Nació en la esclavitud en 1798. Obtuvo su libertad en 1810 con ayuda de su padre. Beckwourth se fue a vivir con los indígenas crows en 1828. Aprendió su idioma y estudió sus costumbres. La tribu llegó incluso a nombrarlo jefe. Durante dos décadas, realizó muchos trabajos. Trabajó como explorador, comerciante y posadero.

En 1851, Beckwourth condujo la primera caravana de carretas hasta Marysville, California. Descubrió entonces lo que conocemos como el *paso Beckwourth*. El camino, que también lleva su nombre, fue muy usado durante unos cuatro años. En ese momento, el ferrocarril se convirtió en un transporte más popular para viajar de costa a costa.

En 1864, Beckwourth volvió a la aldea de los crows. Murió allí dos años más tarde. Los detalles de su muerte se desconocen. Algunos **historiadores** creen que los crows lo ubicaron en una plataforma sobre un árbol después de su muerte. Esa era la manera en que los crows honraban a sus muertos.

Una presencia imponente

Beckwourth medía 6 pies (1.8 metros) de estatura y era famoso por su increíble fuerza. Solía llevar el cabello largo hasta la cintura, a veces trenzado. Usaba cintas, aretes, cadenas de oro y polainas al estilo crow. Una bala que colgaba de un cordel decoraba su cuello.

tres miembros de la tribu crow

Una fama pasajera

En 1856, Beckwourth le contó la historia de su vida a Thomas D. Bonner. Bonner escribió un libro. Ese libro se imprimió en francés en 1860. Durante un tiempo, Beckwourth obtuvo algo de fama. El libro es el único registro que hay de la vida de un afroamericano en el Oeste en ese momento de la historia.

Aquí se ve Hastings Cutoff, donde la expedición Donner se desvió por error.

La expedición Donner

El 16 de abril de 1846, George y Jacob Donner subieron a sus familias y sus pertenencias a nueve carretas cubiertas. Se dirigían a California a comenzar una nueva vida. Un guía llamado Lansford Hastings había escrito sobre un atajo que los Donner querían tomar. Pero Hastings había **subestimado** lo difícil que sería la ruta. Cuando Hastings tomó el atajo, quedó en claro que ese camino sería muy difícil. Por lo tanto, Hastings dejó notas que enviaron al grupo por un camino distinto. ¡Fue un desastre! El error les hizo perder 18 días.

Finalmente, llegaron a la Sierra Nevada. Al llegar a la cordillera, vieron que la nieve bloqueaba el camino. La expedición se vio obligada a pasar cinco meses en tiendas y cabañas **rudimentarias**, con muy pocos alimentos. El grupo envió a 15 hombres a conseguir ayuda. Ocho de esos hombres murieron antes de llegar a un rancho en California. Los siete restantes llegaron a un lugar seguro. Allí avisaron que la expedición Donner había quedado varada.

Llevó más de dos meses rescatar al resto de la expedición Donner. Para entonces, casi la mitad del grupo había muerto. Se dice que algunas de las personas que quedaron atrapadas en las montañas recurrieron al **canibalismo**.

Jóvenes viajeros

Cerca de un mes después de iniciado el viaje de los Donner, se unieron a otra caravana de carretas. Desde ese momento, la expedición Donner pasó a tener 87 personas. Más de la mitad tenía menos de 18 años. Isabella Breen, que en ese entonces tenía un año, sobrevivió al viaje. Cuando murió, en 1935, era la última sobreviviente de la expedición Donner.

El monumento a los pioneros

En Truckee, California, hay una estatua en homenaje a los miembros de la expedición Donner. Está ubicada en el lugar donde la expedición quedó atrapada durante el invierno. La base del monumento mide 22 pies (6.7 metros) de altura. Tiene esa altura para mostrar cuán profunda era la nieve para los viajeros.

Este monumento a la expedición Donner se construyó en el sitio donde los Donner acamparon en 1928.

John Stark: el salvador

Corrió la noticia de que la expedición Donner necesitaba ayuda. En total, hubo cuatro intentos de rescate. En uno de esos intentos, un hombre sobresalió entre el resto.

John Stark era parte del tercer grupo de rescate. Camino a las montañas, su expedición se encontró con un grupo de 11 sobrevivientes que habían quedado rezagados en un intento de rescate anterior. Estaban **apiñados** alrededor de una fogata en el fondo de un hoyo profundo en la nieve. Todos estaban demasiado débiles para caminar. Los rescatistas pensaban llevar solamente a cuatro personas. Les dijeron a los demás que tendrían que esperar. Stark se negó, y dijo: "No abandonaré a estas personas".

Stark alentó a los cansados adultos a continuar, y reunió a los niños. Fue cargando de a dos por vez una distancia de unas yardas; los bajaba al suelo y volvía a buscar a los otros. Gracias a Stark, las 11 personas salieron vivas de ese hoyo en la nieve.

Agradecimiento a Stark

James Breen fue unos de los niños rescatados por Stark. Cuando fue adulto, explicó lo que Stark significaba para él: "A su gran fortaleza física y a su **insuperable** valentía, yo y otros debemos nuestra vida".

Sutter ayuda

Sutter brindó ayuda a una de las **misiones** de rescate de la expedición Donner, en noviembre. La misión no tuvo éxito. Finalmente, después de tres intentos, abrió las puertas de su fuerte para recibir a los 45 sobrevivientes. Les permitió quedarse allí hasta que recuperaron su salud.

El paso Donner, en la Sierra Nevada, es donde la expedición Donner quedó atrapada por la nieve.

Las mujeres en el Oeste

Junto con los hombres, las mujeres enfrentaban la dura realidad de la vida en los caminos. Sin embargo, los asentamientos también les ofrecían nuevas oportunidades. Empezar una nueva vida en el Oeste les permitía volverse más independientes de los hombres.

Sarah Royce

"No había ninguna casa a la vista —escribió Sarah Royce en su diario sobre el primer día en el camino—. ¿Por qué buscaba una?". Sarah, su esposo y su bebita se dirigieron al Oeste en una caravana de carretas. Josiah Royce quería hacerse rico durante la fiebre del oro. El viaje por tierra era largo y difícil.

Llegaron a California en el otoño de 1849. En la primera mina, la pareja no encontró oro. En cambio, decidieron abrir una tienda de provisiones. Se mudaron varias veces antes de establecerse en Grass Valley. Allí tuvieron otros tres hijos. Sarah sentía un poco de temor por estar en campamentos mineros. Pero pronto aprendió que podía hacer a un lado sus miedos. Los demás hombres del campamento cuidaban de ella y de los niños.

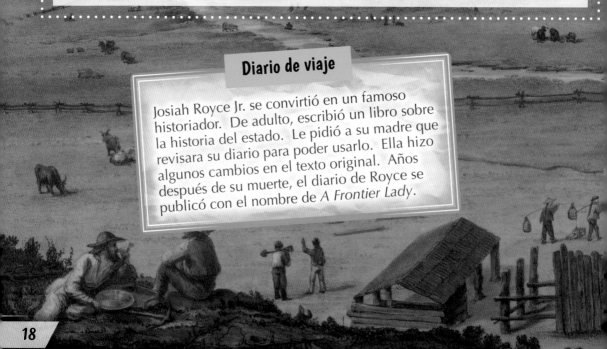

Diario de viaje

Josiah Royce Jr. se convirtió en un famoso historiador. De adulto, escribió un libro sobre la historia del estado. Le pidió a su madre que revisara su diario para poder usarlo. Ella hizo algunos cambios en el texto original. Años después de su muerte, el diario de Royce se publicó con el nombre de *A Frontier Lady*.

CALIFORNIA, IN 1851.

BY SHIRLEY.

[THE following is the first of a series of letters, written by a lady who came to California in 1849, to her sister in "the States," as the land we left behind us was called at that time. They are penned in that light, graceful, epistolary style, which only a lady can fall into; and as they are a transcript of the impressions which the condition of California affairs, two years ago, made upon a cultivated mind, cannot fail to be of general interest.]

LETTER FIRST.

A TRIP INTO THE MINES.

Rich Bar, East Branch of the North Fork of Feather River,
September 13, 1851.

I CAN easily imagine, dear M——, the look of large wonder, which gleams from your astonished eyes, when they fall upon the date of this letter. I can figure to myself your whole surprised attitude, as you exclaim, "What in the name of all that is restless, has sent 'Dame Shirley' to Rich Bar?" How did such a shivering, frail, home-loving little thistle ever float safely to that far away spot, and take root so kindly, as it evidently has, in that barbarous soil? Where, in this living, breathing world of ours, lieth that same Rich Bar, which, sooth to say, hath a most taking name! And for pity's sake, how does the poor little fool expect to amuse herself there?"

Patience, sister of mine. Your curiosity is truly laudable; and I trust that before you read the postscript of this epistle, it will be fully and completely relieved. And first, I will merely observe *en passant*—reserving a full description of its discovery for a future letter—that said Bar forms a part of a mining settlement situated on the East Branch of the North Fork of Feather River, "away off up in the mountains," as our "little Faresoul" would say, at almost the highest point where, as yet, gold has been discovered, and indeed, within fifty miles of the summit of the Sierra Nevada itself. So much at present, for our *locale*, while I proceed to tell you of the propitious—or unpropitious as the result will prove—winds, which blew us hitherward.

You already know, that F——, after suffering for an entire year, with fever and ague, bilious, remittent, and intermittent fevers—this delightful list, varied by an occasional attack of jaundice,—was advised as a *dernier resort* to go into the mountains. A friend, who had just returned from the place, suggested Rich Bar, as the terminus of his health-seeking journey; not only on account of the extreme purity of the atmosphere, but because there were more than a thousand people there already, and but one physician; and as his strength increased, he might find in that vicinity a favorable opening for the practice of his profession, which, as the health of his purse was almost as feeble as that of his body, was not a bad idea.

F—— was just recovering from a brain fever, when he concluded to go to the mines; but in spite of his excessive debility, which rendered

VOL. I.   6

Otra mujer que viajó al Oeste fue Louise Clappe. Clappe siguió a su esposo al Oeste en 1849. El viaje por mar duró cinco meses y costó $300. Una vez en California, Clappe envió cartas (a la izquierda) a su hermana Molly. En ellas, describía el trabajo duro que se realizaba en las minas. Sus cartas también eran personales. Menciona la cabaña rudimentaria en la que vivían.

Había mucho movimiento en el pueblo de Grass Valley durante la fiebre del oro.

Charley Parkhurst

Unos guantes pequeños con flecos cubrían las manos delicadas de Charlotte Parkhurst. Una camisa plisada escondía su atractiva figura. ¿Quién habría adivinado que Parkhurst se convertiría en una de las mejores conductoras de **diligencias** de todos los tiempos?

De joven, Parkhurst huyó de su hogar. Cambió su nombre a Charley y, desde entonces, vivió su vida como un hombre. Parkhurst encontró empleó como **mozo de cuadra**. El propietario le enseñó a cuidar a los caballos y a conducir carretas tiradas por más de un caballo. En 1851, Parkhurst viajó a California. Condujo diligencias para las compañías Wells Fargo y California Stage Company.

Una vez, Parkhurst condujo sobre un río embravecido, momentos antes de que el puente colapsara. ¡Los pasajeros y Parkhurst cruzaron justo a tiempo! Otra vez, un caballo le pegó una patada en el ojo. A partir de entonces, empezó a llevar un parche negro.

Parkhurst murió cuando tenía casi 70 años. Fue entonces cuando la gente se enteró de que en realidad era una mujer. Si el médico no lo hubiera dicho, ¡los amigos de Parkhurst jamás lo habrían creído!

CHARLEY DARKEY PARKHURST
1812 — 1879

NOTED WHIP OF THE GOLD RUSH DAYS
DROVE STAGE OVER MT. MADONNA IN
EARLY DAYS OF VALLEY. LAST RUN
SAN JAUN TO SANTA CRUZ. DEATH IN
CABIN NEAR THE 7 MILE HOUSE.
REVEALED "ONE EYED CHARLIE",
A WOMAN. THE FIRST WOMAN TO VOTE
IN THE U.S. NOV. 3.1868

ERECTED 1955

PAJARO VALLEY HISTORICAL ASS'N.

Derecho al voto

En 1920, las mujeres obtuvieron el derecho al voto en Estados Unidos. Pero Parkhurst ya votaba desde mucho antes. Hay una placa en Soquel, California, que indica el lugar donde supuestamente votó en las elecciones de 1868.

Hábil con el látigo

Según la leyenda, Parkhurst era muy hábil con el látigo. ¡Podía cortar el borde de un sobre a 15 pasos de distancia!

Estos hombres van sentados en el asiento del conductor de una diligencia.

Crear mapas del Oeste

John Charles Frémont nació en Georgia en 1813. Aunque creció en el Sur, tuvo una gran influencia en California. De niño era muy bueno para las matemáticas. Se unió al ejército de Estados Unidos en 1838. Allí se convirtió en **cartógrafo**. Sus destrezas resultaron muy útiles cuando tuvo que crear mapas del enorme y desconocido territorio del Oeste. El ejército envió a Frémont cinco veces a explorar y hacer mapas de las nuevas tierras.

En la primera exploración, conoció al guía Christopher "Kit" Carson. Carson ayudó a Frémont y al grupo que iba con él a atravesar el paso del Sur. Pronto se hicieron amigos. Frémont escribió acerca de su viaje y dio su opinión sobre el Oeste. Creía que la región no era peligrosa y estaba lista para recibir a nuevos pobladores. Sus historias e ideas lo volvieron muy popular. Mucha gente se sintió inspirada a viajar al Oeste gracias a Frémont.

montaña Kit Carson

Un montañés rudo

Carson era un guía importante en el Oeste. Fue trampero, explorador y soldado. Pero fueron las historias que escribió sobre su vida las que lo convirtieron en una leyenda.

Carson y Frémont llegaron a California en su segundo viaje. Carson condujo al grupo a través de un nuevo paso en la Sierra Nevada. Frémont lo llamó *paso Carson* en honor a su amigo. Los cinco viajes llevarían a Frémont a distintas partes del Oeste. Después de cada viaje, escribía sobre lo que aprendía, y eso cambió las ideas que la gente tenía sobre el Oeste. Antes de sus informes, muchos creían que el Oeste era un lugar salvaje y peligroso. Frémont escribió que tenía ríos y un buen suelo para la agricultura.

Los informes de Frémont se convirtieron en un manual para quienes querían ir al Oeste. Lo más importante fueron los mapas que creó. Pioneros como Carson conocían muy bien algunas partes del Oeste. Sin embargo, no podían describir con claridad dónde estaban las cosas. Frémont pudo ordenar todos sus conocimientos. Las personas que leían sus historias querían mudarse al Oeste. Estudiaron sus mapas y los usaron para llegar a California.

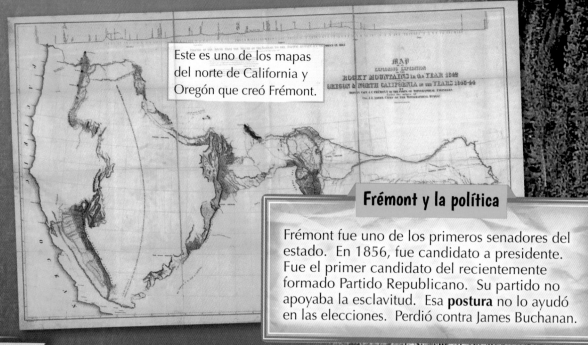

Este es uno de los mapas del norte de California y Oregón que creó Frémont.

Frémont y la política

Frémont fue uno de los primeros senadores del estado. En 1856, fue candidato a presidente. Fue el primer candidato del recientemente formado Partido Republicano. Su partido no apoyaba la esclavitud. Esa **postura** no lo ayudó en las elecciones. Perdió contra James Buchanan.

Rebelión de la Bandera del Oso

Frémont sería luego uno de los líderes y organizadores de la Rebelión de la Bandera del Oso. La guerra entre México y Estados Unidos se declaró en mayo de 1846. La noticia de la guerra no les llegó a los rebeldes. ¡Durante tres semanas, California fue un país independiente! Frémont luego se unió a la guerra contra México.

el paso Carson

Abrir camino

Los cazadores de pieles, los comerciantes y los pioneros fueron los primeros que abrieron el paso hacia el Oeste. Se sentían atraídos por las nuevas perspectivas y las riquezas. Por lo tanto, soportaron condiciones difíciles a medida que conducían a los viajeros hacia el Oeste. Los caminos que crearon siguen existiendo hoy en día.

Hay miles de millas de caminos que van desde el Medio Oeste hasta California. A fines del siglo XIX, los trenes se convertirían en el medio de transporte más usado para cruzar el país. Más tarde, algunas de las principales carreteras de EE. UU. se construirían sobre esos mismos caminos.

A pesar de estos cambios, los senderistas aún llegan en grandes cantidades para recorrer los caminos de los primeros pioneros. Algunos de estos caminos llevan el nombre de las personas que los **forjaron**. El **legado** de esas personas aún sigue vivo. Por mucho tiempo, el Oeste fue una región remota y casi imposible de alcanzar. Gracias a estos pioneros, California dejó de ser un misterio. Era un lugar que la gente quería visitar. Era un lugar que muchos estaban dispuestos a considerar su hogar.

El árbol de Kit Carson

En 1844, Carson trabajaba como guía de Frémont. Mientras cruzaban la Sierra Nevada, se detuvieron un momento a apreciar el paisaje. ¡Estaban a 8,600 pies (2,621 metros) sobre el nivel del mar! Carson talló su nombre y la fecha en un árbol de la zona. Esa zona pasaría a llamarse *paso Kit Carson*. Luego talaron el árbol, pero la parte que lleva su nombre se preservó. Ahora se encuentra en un museo.

¡A empacar!

Imagina que te vas de viaje al Oeste en una carreta. Viajas con tu familia, entre los que se cuentan, además de ti, tu esposa o esposo y dos niños de 6 y 10 años. Necesitas provisiones para todos.

Recuerda que este viaje durará alrededor de seis meses. Viajarás bajo el calor del verano. Es posible que también debas enfrentar el frío del invierno.

Organiza tus provisiones en categorías. ¿Qué necesitas para alimentar a tu familia? ¿Qué ropa es absolutamente necesaria? ¿Qué provisiones necesitas para los niños?

Glosario

apiñados: muy juntos

canibalismo: la práctica por la que un ser humano come partes del cuerpo de otro

cartógrafo: alguien que traza mapas

collados: terrenos bajos por los que se puede atravesar las montañas

concesión de tierras: un contrato que otorga la propiedad de una parcela de tierra

costumbres: conductas o acciones tradicionales de un grupo de personas

deudas: cantidades de dinero que se deben a alguien

diligencias: carretas de pasajeros de cuatro ruedas, tiradas por caballos

emigrantes: personas que dejan un país o una región para vivir en otro lugar

expedición: un grupo de personas que viajan juntas con un fin específico

fatiga: mucho cansancio

forjaron: formaron o crearon algo

historiadores: personas que escriben o estudian historia

industrias: grupos de empresas que trabajan en conjunto para brindar determinados productos o servicios

insuperable: que no puede ser mejorado o superado

legado: algo que se recibe de un hecho del pasado o de alguien que vivió en el pasado

misiones: tareas importantes

mozo de cuadra: una persona que cuida de los caballos

perspectivas: oportunidades

postura: una actitud o una opinión respecto de algún tema

quebradas: pasos estrechos entre montañas

radical: dicho de un cambio, muy nuevo y no tradicional

rudimentarias: sencillas

subestimado: considerado por debajo de su valor

tramperos: personas que usan trampas para cazar animales por su piel

Índice

¡Tu turno!

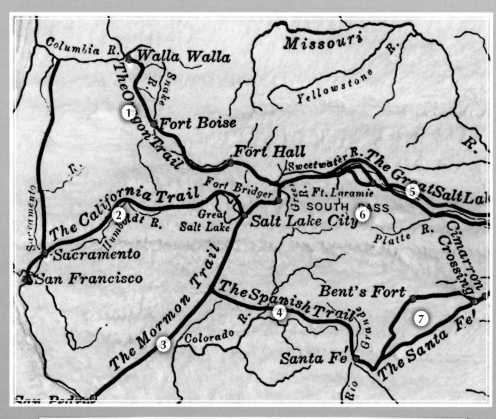

1. Camino de Oregón	**3.** Camino de los Mormones	**5.** Camino del Gran Lago Salado	**7.** Camino de Santa Fe
2. Camino de California	**4.** Camino Español	**6.** Paso del Sur	Fort = Fuerte

Un largo viaje

Observa todos los caminos que conducían al Oeste en el siglo XIX. Imagina que viajas con tu familia en esa época. Elige al menos dos caminos. Escribe un párrafo que describa las ventajas y desventajas de cada uno. Menciona qué ruta sería mejor para llevar a tu familia y explica por qué.